INVENTAIRE.
X 12,646

93

X
1264
M 4,19

NOUVEAUX
PRINCIPES
DE LECTURE,

Par lesquels on peut apprendre à lire le Français et le Latin en beaucoup moins de temps, et avec bien plus de facilité que par la méthode ancienne et ordinaire;

ÉPROUVÉS ET MIS EN PRATIQUE AVEC SUCCÈS PAR **LESTIVANT**, ANCIEN MAÎTRE DE PENSION DE LYON.

A St-ÉTIENNE,
CHEZ DELARUE, LIBRAIRE.
1830

AVERTISSEMENT
SUR LA LECTURE DU FRANÇAIS.

Le son qu'on donne aux lettres dans cet alphabet est conseillé depuis longtemps par des personnes zélées, intelligentes et très-expérimentées. C'est le son qu'on leur donne dans le bureau typographique, et dans d'autres méthodes pour apprendre à lire aux enfants, et l'on a remarqué que ceux auxquels on a fait nommer les lettres comme elles sont nommées ici, et qu'on a fait épeler, c'est-à-dire, compter en les nommant de cette sorte, ont su lire incomparablement plus tôt que ceux qui, en apprenant à lire, épellent comme font épeler la plupart des maîtres.

Afin d'épeler conformément à cet alphabet, il suffira de nommer les lettres à mesure qu'elles se présenteront dans les mots; par exemple, si je veux épeler ces mots: *mon Dieu, soyez-moi propice*; je dis *me on Die eu , se o yez me oi pre o pi ce*; et en conséquence il est presque inutile de faire dire aucun *b, a, ba*. Lorsque les enfants seront bien au fait d'épeler de cette sorte, il faudra les faire lire, et leur apprendre et tenir la main à ce qu'ils ôtent de la fin de chaque consonne l'*e* muet qu'ils y mettaient en épelant.

Il faut remarquer que le *c* n'a jamais le son de *se*, sinon quand il est suivi d'un *é*, ou d'un *e*, ou d'un *i*, comme dans *cé, ce, ci*: partout ailleurs il a le son de *que*, à moins qu'on ne mette une cédille dessous, de cette sorte *ç*: pareillement le *g* n'a le son de *j* que quand il est suivi d'un *e*, ou d'un *i*, comme dans *ge, ji*: partout ailleurs il a le son de *gue*. La lettre *h* ne se prononce ni au commencement, ni au milieu, ni à la fin des mots; si quelquefois on la prononce, ce n'est qu'en l'aspirant, comme dans la Hollande, la Hongrie. La lettre *s* a quelquefois le son de *z*, comme dans les mots, *roses, saison*: il faut lire comme s'il y avait *rozes, saizon*. La lettre *t* a quelquefois le son de *s*, lorsqu'elle est suivie d'un *i*, et qu'après l'*i* il vient une autre voyelle; par exemple ces mots *minutie, bénédiction*, doivent être lus *minucie, bénédiccion*. Il y a quelques exceptions dans ces deux derniers articles; l'usage les apprendra. La lettre *x*, outre les deux sons de *que-se*, de *gue-se*, donnés dans l'Alphabet, a quelquefois le son de *ss*, comme dans *Auxerre, Bruxelles*; il faut lire *Ausserres, Brusselles*; quelquefois elle a le son de *z*: par exemple *deuxième, sixième*, etc.; lisez *deuzième, sizième*.

ALPHABET.

�֍ A B C D E
F G H I J K
L M N O P
Q R S T U
V X Y Z &.

abcdefghi

jklmnopq

rstuvxyz.

CHIFFRES.

1 2 3 4 5 6

7 8 9 10 20

ALPHABET ITALIQUE.

A a b c d e f g
h i j k l m n
o p q r s t u v
x y z &.

A B C D E F G H I J K L M
N O P Q R S T U V X Y Z et.

VOYELLES.

a e i o u y

CONSONNES.

be	ce-que	de	fe	ge-gue	je	que	le	me	ne
b	c	d	f	g	j	k	l	m	n
pe	que	re	se-ze	te-si	ve		xe-gue-ze		ze
p	q	r	s	t	v		x		z

a b c d e f g h i j k l m n o p q
r s t u v x y z et.

L'Alphabet répété plusieurs fois.

b f c g l d h m q e i j n r u k
o s f y p z x t y s e d k c i p
b h o t a g n s z j f m s y l r x
p u v a u q a b c k q d é è ê é
f p h t h i y j g k c q l m n o p
q k c r ç s t u v x k s y i z.

SECONDE LEÇON.

Voyez la Lecture première.

e é è ê

Ba be bé bè bê bi bo bu
Ca ce cé cè cê ci co cu
Da de dé dè dê di do du
Fa fe fé fè fê fi fo fu
(1) Ga ge gé gè gê gi go gu
Guà gue gué guè guê gui guo guu
Ha he hé hè hê hi ho hu
Ja je jé jè jê ji jo ju

(1) Gua comme ga, gue, etc.

Ka ke ké kè kê ki ko ku
La le lé lè lê li lo lu
Ma me mé mè mê mi mo mu
Na ne né nè nê ni no nu
Pa pe pé pè pê pi po pu
(1) Qua que qué què quê qui quo quu
Ra re ré rè rê ri ro ru
Sa se sé sè sê si so su
Ta te té tè tê ti to tu
(2) Tia tie tié tiè tiê tii tio tiu
Va ve vé vè vê vi vo vu
Xa xe xé xè xê xi xo xu
Za ze zé zè zê zi zo zu.

Voyez la Lecture troisième.

ab	èb	ib	ob	ub
ac	èc	ic	oc	uc
ad	èd	id	od	ud
af	èf	if	of	uf
ah	èh	ih	oh	uh
al	èl	il	ol	ul
ar	èr	ir	or	ur

(1) qu comme k, ainsi, qua, comme ka, ke, etc.
(2) tia comme cia, cié, cii, cio, etc.

QUATRIÈME LEÇON.

Lecture cinquième.

a ê i ô u é i o a è

as ès is os us at et it ot ut ez.

Les syllabes de cette Leçon, répétées plusieurs fois.

ut os is id è at us ez as at us et ez
os is it et ot ès ut as ès at is et os
it us et ut as es ès os at ot et ez us
it ot is et as ès os ut is et us at ot
it as et ec ed.

CINQUIÈME LEÇON.

Voyez la Lecture sixième.

a-ze	*è-ze*	*i-ze*	*o-ze*	*u-se.*
ase	ese	ise	ose	use.

SIXIÈME LEÇON.

Voyez la Lecture septième.

ble	bre	che	cre	cle	
bl	br	ch	chr	cl	
cre	que 5	que-te	dre	fle	
cr	qu	ct	dr	fl	
fre	gle 1		gre	que	3
fr	gl	gn	gr	gu	
fe	fle	fre	ple	sple	sfe
ph	phl	phr	pl	spl	sf
pre	pse	sque	se	spe	spre
pr	ps	sc	sç	sp	spr
sfe	ste	4	tle	tre	vre
sph	st	lle	tl	tr	vr

bla	ble	bli	blo	blu
bra	bre	bri	bro	bru
(6)	cha	che	chi	cho	chu
chra	chre	chri	chro	chru

  1 3 4   5
agnelet; langue; cueillir; que, comme ke; quand, comme kand; (6) château, chétif, choc, Chypre, chute.

cla	cle	cli	clo	clu
cra	cre	cri	cro	cru
cta	cte	cti	cto	ctu
dra	dre	dri	dro	dru
fla	fle	fli	flo	flu
fra	fre	fri	fro	fru
gla	gle	gli	glo	glu
gna (1)	gne	gni	gno	gnu
gra	gre	gri	gro	gru
gua	gue	gui	guo	guu
pha	phe	phi	pho	phu
phra	phre	phri	phro	phru
pla	ple	pli	plo	plu
pra	pre	pri	pro	pru
psa	pse	psi	pso	psu
sca	sce	sci	sco	scu
sça	sçe	sçi	sço	sçu
spa	spe	spi	spo	spu
spha	sphe	sphi	spho	sphu
sta	ste	sti	sto	stu
stra	stre	stri	stro	stru
tra	tre	tri	tro	tru
vra	vre	vri	vro	vru

(1) Comme dans *agneau*.

(11)

SEPTIÈME LEÇON.

(*a*) *Voyez la Lecture huitième.*

ill, aill, ail, eill, euil, ouil.

HUITIÈME LEÇON.

Voyez la Lecture neuvième.

à â è é ê î ô û ë ï ü

NEUVIÈME LEÇON.

(*b*) *Voyez la Lecture dixième.*

an	*an*	*an*	*an*	*in*	*in*	*in*	*in*	*oin*
an	am	en	em	ain	in	ein	aim	oin
i-en	*on*	*on*	*ou*	*oure*	*un*	*um*	*o-a*	
i-en	on	om	ou	our	un	um	oi	

(*a*) Pour prouver les sons que doivent produire les syllabes de cette leçon, voyez les mots de la huitième lecture.

(*b*) Quoiqu'on ait mis des unions entre les caractères italiques, il faut néanmoins nommer les syllabes d'une seule voix.

(12)

o-a	o-a-re	o	o	o	o	eu	eu-re
oir	oir	aux	au	eau	eaux	eu	eur
è	è-re	è	è	è	è	è	è
ai	air	ei	eai	oi	ai	ois	oi oient
è	è-ye	oe-ye	è	(1)			
est	ay	oy	eoient.				

Les syllabes de cette Leçon répétées plusieurs fois.

in	ien	em	un	in	en	ay	au
our	im	em	eur	oir	ou	ai	an
oi	eu	oie	oy	om	ein	ai	on
est	eai	um	oient	ei	oit	ai	ay
ois	an	ein	on	um	ai	ois	an ein
ou	um	ai	oy	ois	am	in	om oi
ea	ei	oit	en	im	ou	oie	ay
eai	oient	em	in	our	oir	eu	ai
est	in	ien	un	au	eur	in	oî an
em	ay	am	en	ein	ien	ain.	in
on	un	om	our	ou	um	oy	on
our	au	ei	oi	oit	oi	ai	ait in am
ou	om	eai	ei	ois	eai	eu	aua
oy	ein	our	ain	oir	ain	um	im

(1) *Ils nageoient*, comme *nagè*.

oit est on ou en oi en oir oie
ein ay au ai am our un in oy
ois oient in aim aï eï eü aü ai
aïn oient è.

Lettres liées ensemble.

ct et ss *ff* *fl* *ffl* *fi* *si* œ œ
ct et ss ff fl ffl fi si æ œ

PREMIÈRE LECTURE.

Pour la seconde leçon.

Ma da me. li re. di re. sa la de.
sa ge. ma ri. â me. pâ te. ra ce.
pi pe. o li ve. me nu. me na ce.
lu ne. ra ve. pa ro le. ju pe.
ga ge. cu ré. ca ba ne. ce ci.
ca ma ra de. ci ga le. ce la. ca ve.
ga ze. ca po te. ca li ce. mi ne.
a ma zo ne. ca ra bi ne. pa pe.
de mi. ca pu ci ne. ca ra fe. ca ge.
ra ci ne. ri va ge. ca fé. i ma ge.
fi gu re. cé le ri. ra pe. ma li ce.
bé ni te. po ta ge. bot ti ne.
i nu ti le. mu ti ne. ca ve. ci re.
o ri gi ne. sa li ve. tu li pe. ju ge.
ma la de. co li que. rhu me. pe ti te.

pu ce. ri re. A ga the. Hé lè ne.
La za re. Hi po ly te. Ni co le.
hu mi de. tu li pe. ri di cu le.
ba di ne. li me. lo ge. dé lu ge.

SECONDE LECTURE.
Pour les Diphthongues propres.

Jo lie. cui re. hui le. nu a ge.
pied. ca va le rie. ma ria ge. thé o-
lo gie. vio le. ca fe tiè re. ci me tiè re.
a mie. ri viè re. pi tié. niè ce.
a mi tié. hé ri tiè re. vue. suie.
é cu rie. fu mée. co mé die. Ju lie.
gé nie. dia lo gue. a na to mie. ma-
riée. ma la die. rui ne. a mi tié. sui te.

TROISIÈME LECTURE.
Pour la troisième Leçon.

Sac. bec. sec. car na val. miel.
fiel. exil. mar mi te. bar be. carpe.
car de. fri tu re. mi ne. e xer ci-
ce. vir gu le. mor tier. jar di nier.
pa pier. bé ni tier. re gar der.
bap ti ser, cul te. cor de. bor du re.
her be. har di. har pe. dor mir.
hor lo ge. car te. car me. her mi te.

bal. cul bu te. é pi nards. ad mi rer.
pic. duc. bar be. gar go te.
mer le. ar ti fi ce. pi co ter. go si er.
pa ra sol. hier. car ta ble. Mar ti ne.
suer. fuir. ciel. ca nard. ha sard.
gi bier. car pe. per te. ur ne. ver-
du re. duc. sor ciè re. re nard. la
mort. tor tue. or ge. sal pê tre. gar-
nir. Job. Syl vie. sol. ver ge.

QUATRIÈME LECTURE.

Pour les lettres doubles.

Bon ne. don ne. hom me. pom-
me, col lé ge. bé cas se. Ca mil le.
pail le. ta pis se rie. af fir mé. som-
me. tas se. dé bat tre. fol le. ter re.
fil le. nap pe. fos sé. cas se ro le.
com mè re. bos se. ro be. jar re-
tiè re. as som mé. fe mel le. sal le.
pail le. al lée. ca non nier. pos sé-
der. as sou pir. fos sé. pa lis sa de.
bos su. bat tu. bi zar re. bas si ne.
af fa mé. dom ma ge. gui tar re. con-
son ne. trap pe. com me.

CINQUIÈME LECTURE.
Pour la quatrième Leçon.

Ma te las. re but. ha bit. ris. par-
fait. De nis. va let. bi det. a mas. tes.
os. re pos. tu re çus. fus. fat. é tat.
ca ba ret. pot. mot. il put. il se tut.
par lez. te nez. ve nez. ri ez. ba di-
nez. pe tit. étui. le puits. bon net.
bar bet. bal let. ta pis. ca mus. a vo cat.
mu let. ver jus. ca det. ca lot te. cas.
ja dis. fa got. lo quet. fal ba las. muet.
li not te. le corps. chat. rat. che val.
ob jet. Ni co las. Tho mas. tes pieds.
abus. la cet. gi got. cir cuit. ha ri cot.
vo let. ca bi net. go be let. mé na ge.

SIXIÈME LECTURE.
Pour la cinquième leçon.

ase   esi   osa   use   èse   isa

Vi sa ge. ro se. ca mi so le. ce ri se.
gé né ro si té. go sier. va se. De-
ni se. ru sée. me nui sier. cui si ne.
mai son. ar ro sé. li sez. E li sa beth.
Jé sus. frai se. be sa ce. la bi se.

AVANT LA SEPTIÈME LECTURE.

LEÇON IMPORTANTE

POUR LES MAITRES.

Motifs de cette Leçon.

La voyelle e muet 1°. ne se prononce point ou très-peu à la fin des mots. 2°. Elle n'est jamais muette quand elle est suivie de deux consonnes. (Je n'entends point parler des deux consonnes mn.) 3°. Il est d'usage dans notre prononciation actuelle, qu'ordinairement sur les è muets suivis de deux consonnes, les Imprimeurs ni les Auteurs ne mettent point d'accents ni ouverts ni fermés, sur é et è, tels qu'on jette, et cependant on ne manque point de les prononcer en lisant comme s'il y avait réellement un accent : on ne voit même, ou je n'ai pas vu de livres qui en parlent parmi les différents livres de principes dont les Maîtres de lecture sont fournis : voici les exemples.

PREMIER EXEMPLE.

Pour les e sans accent, mais suivis de deux consonnes semblables ou différentes.

Réellement *se prononce comme s'il était écrit* réèllement, veste co... e, sienne *comme* siène, ennemi *comme* nnémi, reg... omme règle, germe *comme* gèrme, ver ure *comme* vèr... e, cette *comme* cètte, etc.

SECOND EXEMPLE.

Pour deux autres consonnes mariées, comme bz, bl, cl, fl, cr, tr, pz, etc.

Ici les Auteurs et les Imprimeurs mettent quelquefois les accents. Ainsi declaré *se prononce comme* déclaré, petrifié *comme* pétrifié, decrire *comme* décrire, degrossir *comme* dégrossir, etc.

TROISIÈME EXEMPLE.

(e) *muet pénultième (et quand même il ne serait pas pénultième) d'un mot terminé par une syllabe muette devrait être rehaussé par le son* è *(qui est moins allongé que* ê*)* sincere *comme* sincère, espece *comme* espèce, procede *comme* procède, fidele *comme* fidèle, sacrilege *comme* sacrilége, etc.

Il est à remarquer que les Imprimeurs et les Auteurs mettent quelquefois les accents sur les mots des deux derniers exemples, mais pas toujours.

QUATRIÈME EXEMPLE.

(e) *sans accent au commencement d'un mot fait toujours* (é) *et quelquefois* (è), etant *comme* étant, erigé *comme* érigé, esprit *comme* èsprit, estropié *comme* èstropié, eventé *comme* éventé, estomac *comme* èstomac, elève *comme* élève; *il serait bon qu'on y mît cette accentuation, mais les Imprimeurs et les Auteurs ne s'en font point une règle.*

PREMIÈRE PRATIQUE.

Ou Leçon pour faciliter et prévenir la septième Lecture.

est erd. ert erm. ern.
erg. cler gé. ver ger. ver du re.
ell. bel le. fi cel le. fe mel le.
pru nel le. el le.
erl. per le. a mer tu me. per te.
exc. ex cep tez. ex ci ta.
erd. per dez. ter mi né.
cre. mer cre di. ves ti bu le.
erv. ser vir. her be. her ba ge.
esse. tris tes se. pa res se. sa ges se.
ern. Pa ler ne. ver se ra. per vers.
der ni ère, etc.

SECONDE PRATIQUE.

ecr. dé cro cher.
egr. dé gra de ra. in tè gre.
ecl. dé cla ra.
etr. dé trô ner. dé trui re.
epr. dé pri mer. mé pri ser.

TROISIÈME PRATIQUE.

ece. echec. ede. efe. ege. elle.
eme. ene. epl. ete. eve. exe.
es pè ce. dé pê che. il cè de.
sa cri le ge. fi de le. mo de le.

ex trê me. bo hê me. pé nul tiê me.
a na thè me. Hy po crè ne. Sei ne.
il se pro mè ne. crê pe. vi pè re.
thè se. diè se. fos sè te. ver gè te.
diè te. miè te. é lè ve. sè ve. Ge nè-
ve. an ne xe. se xe. é lè ve ra.

J'avoue que si les Auteurs ou les Imprimeurs mettaient avec soin des accents ouverts (è), ou fermés (é), cette troisième pratique aurait été inutile ; mais comme on n'y est pas exact, cette leçon ou pratique est véritablement nécessaire, comme la suivante.

QUATRIEME PRATIQUE.

(e) sans porter accent fait ordinairement (é) quand il commence le mot, et jamais il n'est muet, et fait (è) quand il est suivi de deux consonnes, comme celle-ci, rb, rc, rd, st, etc.

écouler. état. été. épée. éparse.
éloge. évacué. épeler. émanera.
herbage. escargot. esprit. estomac.
herse. estropié.

SEPTIÈME LECTURE.
Pour la sixième Leçon.

bl. ta ble. sa ble. vé ri ta ble.
  ta blier. bles su re.
br. bro der. a bri cot. bros se.
  bri de. bra ve. bre bis. bras.

ch. che val. po che. cha pe let.
ca chet. che mi se. é chi quier.
cha riot. char ge. cher cher.
é cor chu re. ca ni che. ca té‑
chis me. bro chet.

chr. chro no lo gie. chro ni que.
Chris to phe.

cl. clo che. clé. clas se. clé men ce.
cla que. clair. cli mat.

cr. cru che. é cri re. cru di té.
cras se. cri me. cro chet. crot te.
cru el. cri bler.

ct. ac te. pec to ral. pac te. tact. rec ti‑
tu de. ar chi tec te. ca rac tè re.

dr. dra gée. per drix. dru. drap.
a dres se. dra peau.

fl. flû te. flam me. flè che. sif fler.
flat ter. fla geo let. af fli gé. flé‑
tri. flu et. fle xi ble. ré flé chir.

fr. fro ma ge. fri cas sée. fra gi le.
A fri que. fri ser. fru it. fri‑
pon ne. fra ter nel. frap per.

gl. gla ce. rè gle. glis sa de. gla‑
ci ère. glu. glo be. glis ser.

gn. bor gne. bu gne. rè gne.
vi gne. a gne let. ma gni fi que.

mi gnon ne. ros si gnol. bri que.
gr. gri ve. gref fier. grat ter. gruger. gros. gri set te. grot te.
gra bat. grif fe. é gra ti gnu re.
gu. gué rir. guet ter. gui chet.
gui der. gui gne. fi gue. bague. or gue. gui ta re.
ph. phi lo so phe. é pi ta phe. Phi-
lip pe. gé o gra phie.
pl. plu me. pla ce. ap pli quer.
pla que. plis ser. ap pla ti.
pr. pru ne. pro bi té. pru nel le.
pri son nier. pra li ne. pré ci-
pi ce. pré. ap pris. ap prêt.
qu. qui. que. que re ler. quel que.
Qui naud. qu'avez. quel. quê-
ter. qua tri è me.
sc. scri be. es car got. sca ri fier.
scul pter. es ca pa de. es cor te.
sa. sa voir. sa chez. j'ai su. sa vez.
sp. spé ci al. spec ta cle. es prit.
spi ri tu el. as per ge. es pa-
gnol. es pè ce. es pa ce.
st. as tre. sta ble. sta tue. stu-
pi de. es ti me. es to mac.
ves te. pos te. pis to let. tris-
tes se. es taf fier.

tr. tri bu nal. tri cot. tric trac. trap pe. tré pas. tro quer. at‑tri but. at tris té. a tro ce. é tri‑viè re. é tren ne.

vr. vi vre. i vro gne. li vre. chè‑vre. vrai. cui vre. sui vre. lè‑vre. le vret te. or fé vre.

HUITIÈME LECTURE.

Pour la septième Leçon.

ill. fille. billet. pa pillote. quille. spa dille. ha biller. grille. Exceptez certains mots, comme : ville, pilon à piler du sel. il‑lustre. Camille.

aill. ba taille. paille. taille. te nailles. mu railles. Ver sailles.

ail. at ti rail. por tail. tra vail. de l'ail. ca mail.

eill. o reille. treille. a beille. vieille. o seille. gro seille. veille. ré‑veille.

eil. so leil. som meil. ré veil.

cueil. *comme* (k) cueillir. accueillir.

recueillera. accueil. écueil. orgueil. cercueil.
euil. euill. cerfeuil. seuil. feuillage.
ouil. ouill. fenouil. mouiller. fouiller. grenouille.

NEUVIÈME LECTURE.

Pour la huitième Leçon.

à. à ma mie. à Pier re. à Jo seph.
â. â ge. â ne. blâ me. pâ te. mâ-le. flâ me. bâil ler.
é. é pée. ge lée. lé vrier. les é chel-les. cu ri o si té. pro pre té. di vi ni té.
è. sè ve. lè vre. co lè re. pro cès. ex près. ver tu. hi ver.
ê. bê te. tê te. fe nê tre. même. ex trê me. ca rê me. prê tre. thê me. fo rêt. prê cher. vê-pres. chrê me. hon nê te.
ë. po ëte. co ëffe. no ël. po ëme.
î. le gî te. a bî me.
ô. hô te. cô te. drô le. rô ti. ô ter. Jé rô me. clô tu re.
û. flû te. bû che. qu'il re çût.
ï. la ï que. ha ïr. Sa ra ï.

DIXIÈME LECTURE.

Pour la neuvième Leçon.

an. di man che. a man de. tan te. tan che. lan gue. gran de. fran- che. ex tra va gant. châ tiant. gé ant. é lé phant. sang.

am. jam be. cham bre. am ple. am- bi gu. am bre. gam ba de. am- phi thé â tre.

en. den tel le. en fant. cent. pren- dre. gen dre. cen tre. en cre. cen dre. sen ti nel le. s'en i vrer. en rô ler. pré si dent. e xis- ten ce.

em. tem pê te. em me ner. em bras- ser. ex em ple. ex emp tion. en sem ble. em bar ras. temps.

in. lin ge. vin. pin çon. fin. des tin. ar le quin. bé nin. bou din. ma ro quin.

ein. pein tre. tein dre. le teint. é rein té. cein tu re.

ain. nain. é tain. de main. pain. main. mas se pain. crain te.

aim. faim. daim. es saim.
im. im pos si ble. tim bre. im pôt. im po li. im por tu ne.
oin. oin dre. foin. point. poing. loin. soin. coin. poin te. moins. loin tain.
ien. chien. mien. an cien. main- tien. le tien. mu si cien. rien. bien.
on. bon. ron de. gar çon. le çon. scor- pion. on gle. se cond. ac tion. pa pil lon. con seil. char geons. mar chons. me lon. bron ze.
om. om bre. nom. trom pet te. tom ber. trom per. tri om phe. com pè re. plomb.
ou. sou pe. mou tar de. bou din. fou et. bou teil le. goû ter. gre nouil le. jou e. bou e. nous. vous. bout. mous ta che. que nouil le. rou geo le. souf- flet. le loup.
oui. ré joui. en foui.
ouill. bouil lon. brouil ler. mouil ler. fouil ler.
un. lun di. cha cun. ner prun. au cun. a lun.

oi. boi re. mâ choi re. Toi non. doit. cra moi si. é toi le. framboi se. his toi re. gloi re. croire. noix. noi set te. oi gnon. té moi gna ge.

oie. joie. proie. soie. une oie.

oir. noir. sa voir. mi roir. vou loir. pou voir. mou choir. bou doir.

au. sau ce. chaus son. mi au ler. sau le. é pau le. haut bois. crapaud. au ber ge. ré chaud. sau te. au tre. pau vre. che vaux. ma ré chaux. ar ti chaut.

eau. la peau. moi neau. cou teau. cha peaux. tom beau. a gneau. l'eau. mar teau. fu seau. le sceau. ton neau. le mar teau. pigeon neau. sceaux. beau. bureaux.

eu. Dieu. peux. che veux. gueu le. heu re. dé jeû ner. Ma thieu.

œû. feu. beur re. œuf. œu vres. affreux. cieux. mieux. les yeux. heu reux. aï eul. seul. fil leul. cer feuil. feuil la ge. vœux.

eur. peur. au teur. vo leur. li queur. ha ran gueur. sculp teur.

fu reur. lu eur. ma sœur. mon cœur.

ai. rai sin. ai guil le. bai ser. du lait. chai se. ba lais. frai se. a po-thi cai re. pair. im pair. dé-man geai son.

aî. aî né. maî tre. naî tre. aî le.

ei. pei ne. pei gne. sei gne. vei ne. en sei gner.

oî. con noî tre. pa roî tre. croî tre.

ais. tu chan tais. pleu rais. ri ais. li sais. par lais. dan sais.

ait. il ba di nait. man geait. se cou-chait. é cri vait. bril lait. en trait.

aient. ils mar chaient. mar quaient.

est. il est bon. il est sa ge. il est grand. il est jo li.

ay. pay able. pay eur. pays. es say er. pay san. pay sa ge. ray er. ray on.

oy. loy al. jo vial. joy eux. joy au. moy en. noy au. em ploy er. mi-toy en. roy au me.

aü. Saül. E saü. Ar che laüs.

aï. A do naï. haïr.

ïe. pa ïen. plé bé ïen.

oï. Moï se. hé roï que.

LECTURE

Pour les syllabes qui ont des sons différents.

La syllabe ent, *forme le son* an, *et dans les terminaisons des verbes* ent, *elle a celui de l'*e *muet.*

ils ri ent, mon tent, é touf fent, re tour nent, trem blent, souf flent, des ti nent.

La syllabe ai, *forme le son* è, *et dans les terminaisons des verbes en* ai, *elle a le son* é.

je sou pai, dî nai, pro me nai, ri mai, chan geai, na geai, ra va geai, man geai.

LECTURE

Composée des mots précédents, dont les syllabes ne sont pas détachées.

Madame, sage, rire, ridicule, Dominique, Agathe, rhume, juge, origine, mutine, figure, racine, demi, amazone, capote, cela, cabane, parole, lune, pipe, humide, Hippolyte, Hélène, petite, malade, salive, bigote, bénite, céléri, rivage, capucine, carabine, calice, cave, camarade, jupe, page, dialogue, fumée, héritière, pitié, amie, figure, théorie, cuire, anatomie, mariage, morue, ruiné, cimetière, nièce, viole, suite, écurie, pied, culbute, carte, broder, regarder, exercice, carpe, miel, sac, carme, hermite, marmite, Job, tortue, duc, sorcier, orge, perle, hasard, Martine, parasol, artifice, Georges, la mort, guitare, Jeanne, bossu, forteresse, allée, celle, perruque, canelle, ânesse, terre, collége, bonne, carcasse, bassine, Etienne, fossé, canonnière, femelle, gobelet, haricot, abus, Nicolas, chatte, sonner, épinette, assiette, camus, bonnet, badinez, parlez, pot, tu, reçus, l'esprit, amas, paradis, matelas, Isabelle, menuisier, gosier, générosité, visage, cuisine, besace; cloche, chameau, cheval, broderie, table, cerise, ruse, clef, chronique, poche, abricot, sable, classe, éléphant, chapelier, brosse, véritable, noisette, cachet, bride, tablier, catéchisme, claque, écorchure, blessure, chariot, arrosé, brochet, bracelet, chemise, charette, échiquier, cônique, grive, corne, glace, fromage, flûte, dragée, cruche, greffier, bugne, réglé, fricassée, flamme, perdrix, acte, pectoral, écrire, gratter, règne, glissade, fragile, flèche, drogue, le tact, crudité, gruger, vigne, glacière, Afrique, siffler, dru, rectitude, crasse, égratignure, brignole, frapper, réfléchir, cassonnade, caractère, cruel, astre, spectacle, scélérat, scribe, prune, plume, philosophie, guérir, stable, spéciale, scène, escargot, probité, place, épitaphe, guetter, statue, esprit, scier, scarifier, prunelle, appliquer, Philippe, guichet, estafier, sphère, obscène, escorte, apprêt, plat, géographie, orgue, guitare, plisser, praline, escapade, deuil, seuil, soleil, oreille, attirail, bataille, fille, fraise, trinité, sommeil, treille, portail, paille, billet, ivrogne, tricot, Abel, réveil, volaille, taille, juillet, livre, trictrac, accueillir, réveillé, camail, Versailles, habiller, orfévre, étrenne, troquer, levrette, papillote, muraille, groseille, salpêtre, flûte, hôte, île, poète, bête, fève, épée, âge, à ma mie, amande, haïr, côte, gîte, boîte, tête, lèvre, gelée, âge, pierre, tante, je hais, j'aime, abîme, apôtre, fenêtre, colère, lévrier, blâme, à Joseph, sang, cahier, qu'il eût, clôture, morue, honnête, hiver, zèle, les divinités, bâiller, extravagant, pluie, hôpital, nain, peintre, singe, tempête, dentelle, jambe, étain, impossible, feindre, simple, vin, emmener, enfant, chambre, timbre, demain, parrain, juin, embrasser, l'enfer, ample, daim, les saints, ceinture, temps, hareng, amphithéâtre, faim, massepain, éteinte, maroquin, intendant, embarras, existence, gambade, main, ensemble, s'enivrer, ambre, bonjour, soupe, ombre, bon, chien, oindre, retour, moutarde, nom, non, soin, secours, boudin, trompette, rond, point, toujours, fouet, tomber, garçon, chrétien, poing, lourdaud, le goût, plomb, bronze, bien, lointain, musicien, manchon, compère, melon, brouillon, sourd, fourchette, tambour, soufflet, brouiller, moustache, quenouille, moëlle, papillon, ongle, Dieu, la peau, sauce, noir, roi, peau, moineau, chausson, savoir, boire, lundi, cheveux, couteau, miroir, mâchoire, chacun, gueule, chapeau, miauler, asseoir, Toinon, pas un, fauteuil, bureau, artichaut, vouloir, monnaie, oignon, feuillage, beau, tonneau, chevaux, proie, humble, heureux, beurre, pigeonneau, fuseau, pauvre, moine, bon, ils marchaient, ils badinaient, tu chantais, connaître, peine, aîné, raisin, peur, il est sage, ils manquaient, ils mangeaient, tu pleurais, paraître, maison, aiguille, prédicateur, il est grand, ils nageaient, il entrait, tu dansais, croître, aile, démangeaison, mon cœur, scapulaire, impair, palais, vains, tu parlais, chaise, fureur, je soupai, ils rient, royal, payable, je dînai, ils montent, royaume, paiement, je me promenai, ils étouffent, joyeux, pays, je rimai, ils trompent, joyau, paysan, je changeai, ils retournent, moyen, paysage, je nageai, ils tremblent, noyau, rayer, je ravageai, ils soufflent, employer, rayon, je mangeai, ils destinent, mitoyen.

PLUSIEURS MOTS NOUVEAUX.

Surnaturel. prince. conduit. gobelet. malade. mes frères. heureux. montez. anticipe. examiner. hostilité. suave. vitriol. scabreux. ancien. Joab. avantage. écrivait. condition. Abrabam. voir. fourchette. soupirail. exaucer. fiel. dragon. femme. aversion. boisson. enduire. avance. cordon. carafe. mes. enfin. lion. seau. sœur. craignent. figures. préséances. oxicrat. gaufre. extravagant. tambour. infructueux. sept. action. gadouard. cantique. bécasse. dentelle. exulcérer. joyeuse. habit. compliment. brune. mouillent. culture. Stuart. ainsi. caillé. espoir. patience. driade. obscurité. bague. humble. parfum. obéisse. songer. plaire. morceau. joyau. hardiment. connaissance. cabale. sincère.

foin. andouille. image. remède. douceur. Ésaü. moussent. dévotieux. rigole. ambassadeur. inquiet. ficelle. soulève. soit. Joas. hautain. plaire. princesse. liége. est. gauche. croit. antidote. graine. milliasse. j'ai. exorable. peau. immobile. cendre. manié. exorbitant. faim. s'obtient. bourgeois. chef. engagea. impérial. curieux. récréer. riment. capucin. gaufré. abricot. suait. les. cercueil. caudebec. moyen. émétique. courtisan. fouilles. tourment. préjudice. simple connaître. égalaient. procession. canne. gêne. Lycaon. argile. aspirer. couverture. œuvre. épier. faiblement. augmente. agir. répréhensible. avouer. bail. montent. estime. nouait. ces. extase. gilotin. corroyeur. après. figure. espagnol. gimblette. cuit. herbe. gourmand. invalide. virgule. paresse. réflexion. accepte. aucun. mort. coëffe. rivage. médaille. reçoit. précieux. étoile. oblige. largesse. jouet. étouffer. tes. sonnette. habile. vieillesse. exécution. homme.

EXEMPLES

Des lettres apostrophées qui se rencontrent dans la lecture.

S'admire. l'autre. m'est. j'espère. n'avancez. t'affronte. quoiqu'on. d'autre. c'est. s'il m'y. l'esprit. j'aspire. n'importe. l'estime. n'êtes. jusqu'où. d'histoire. ç'a. s'augmente. qu'il. t'excite. s'est. d'esprit. c'était. l'effet. j'endors. t'interroge. quelqu'une. d'ordinaire. s'obtient. l'admiration. n'augmente. j'irai. n'obtienne. t'achever. qu'attendez. d'outrage. s'efforce. l'amitié. m'outrage. j'efface. n'avait. t'arrache. qu'obtient. d'habitude. s'abstient. s'est. l'univers. m'avance. j'apporte.

Lorsque les Enfants sauront bien leurs principes, et qu'ils liront facilement les lectures précédentes, on pourra les faire lire dans quelqu'autre livre, et attendre ensuite qu'ils soient un peu forts pour leur faire lire les lectures suivantes.

LECTURE

Du gros caractère, c'est-à-dire, des lettres Majuscules.

CE N'EST POINT L'ÉPÉE QUI DOMPTE LA COLÈRE DES AUTRES, MAIS LA PAROLE DOUCE ET HUMBLE. QUAND ILS CRIENT, NOUS CRIONS NOUS-MÊMES ; NOUS EMPLOYONS LES INJURES, LES MENACES ET LES MOYENS VIOLENS POUR LES FAIRE TAIRE, ET NOUS OUBLIONS QU'IL NE FAUT QU'UN MOT DE DOUCEUR ET DE CIVILITÉ.

UNE LANGUE DOUCE, DISCRÈTE ET ÉLOQUENTE, EST L'ARBRE DE VIE DANS LA MAISON, ET DANS LA COMPAGNIE OU ELLE EST ; CHACUN EN TIRE DES FRUITS DE CONSOLATION, ET DE REMÈDE POUR LES INQUIÉTUDES ET LES AUTRES MALADIES INTÉRIEURES.

LECTURE

Pour la liaison des mots.

bie-n-utile.	*me-z-amis.*	*tro-p-entêté.*
bien utile.	mes amis.	trop entêté.
elle-arrive.	*doi-t-être.*	*son-habit.*
elle arrive.	doit être.	son habit.
deu-z-épées.		*l'u-n-et l'autre.*
deux épées.		l'un et l'autre.
gran-t-homme.	*di-z-écus.*	*trè-z-habile.*
grand homme.	dix écus.	très-habile.
on-n-enseigne.	*au-z-autres.*	*en-n-étourdi.*
on enseigne.	aux autres.	en étourdi.
aprè-z-avoir.	*un-insensé.*	*cin-qu-assiettes.*
après avoir.	un insensé.	cinq assiettes.
ave-qu-esprit.	*pa-z-étonnant.*	*u-n-amitié.*
avec esprit.	pas étonnant.	une amitié.

PHRASES

Composées de toutes sortes de liaisons de mots.

Des habits enrichis de diamants et de perles. C'est-à-dire, qu'on n'avait point averti les autres. On ne pouvait avertir. On ne pouvait y entrer sans être étonné. On parle encore aujourd'hui de cet adorable temple,

C'est être un grand impie que d'y ajouter foi. Elle est assez ouverte pour qu'on y puisse entrer. Des turbans abattus, et des ennemis épouvantés. On croyait être dans un autre endroit. Jusques alors on se le disait les uns aux autres. Tantôt il paraissait au milieu de ses amis. Il est à présent quatre à cinq heures au moins. On entendit comme un concert dans les airs. Après avoir enseigné sept heures entières. C'est ainsi que les avares pensent ordinairement. Son amour ne pouvait être mieux opprimé. On a dit ici qu'il avait arrêté ses ennemis. Quand elle vint à considérer son ambition. Travaillez avec assez de fruit pour y arriver. Son naturel angélique étonnait ses ennemis. On y voyait aussi des ouvrages très-utiles. Son ami mourut bien avant son établissement. Huit heures sont sonnées, mais il n'en est pas neuf. Toujours inquiet, toujours attentif et toujours alerte. Il y en a sept à moi, trois à vous, deux à eux. Il est trop aimable pour ne pas être de la partie.

AVERTISSEMENT

Sur la lecture du Latin.

On ne doit faire passer un Enfant à la lecture du Latin, que lorsqu'il est bien affermi dans celle du Français, alors avec le secours des trois lectures suivantes, il en surmontera en très-peu de temps les difficultés.

PREMIÈRE LECTURE

DU LATIN.

Cette première lecture n'a d'autre difficulté que celle de faire sentir toutes les lettres dans la prononciation.

Tibi, tota, sana, pudore, mala, nomini, domino, tabula, fabula, vide, oratio, habeo, benedicite, politica, generatio, avaritia, negotiatio, fidei, æmulatio, alieno, pueritiæ, præda, cœnobi, cetera, natio, janua, vitii, solatii, gratiæ, pretii, generatio, exitu, dixere, familia, cœli, reipublicæ, ultra, sudavere, necessitas, docere, hodie, lacrymare, jugulo, currere, affligo, misereri, catena, peccata, accurro, adeo, maria, jocosè, dilucidè, fideli, filio, ridere, jubeo, cani, tota, lorica, livonia, dimitto, demo, maturini, coronæ, limo, inimici, laboravi, oculi, mei, timore, rapui, libero, jejunio, anima, mihi, eripere, facili, exitu, posuere, dissimulatio, sylva, altitudo, facta, spero, propterea, justitiæ, tristitia, cœlesti, strictè, mœstitia, postulare, gusto, solertia, torno, tracta, parcere, deprecatio, nostra, delicta, parce, actuosè, adcubo, adducta, circa, gloria, fluere, ascia, credo, formica, gratiosa, crastina, inebria, virtute, multiplicasti, vespere, locupletare, ubertate, speciosa, deserti.

Hac, hic, hoc, huc, par, jubar, impar, tener, pariter, civiliter, mater, pater, liber, fideliter, Jupiter, vir, levis, memor, pictor, scrutator, cor, fœdator, successor, femur, jecur, legitur, petitur, ineptias, delicias, deditas, musas, animas, tribuas, civitas, doces, dies, toties, familiares, leges, comes, dulces, feles, locupletes, patri, cœli, colis, pœnis, delineationis, stultitiis, solertiis, cœlestis, bonos, nos, cœlos, mos, famulos, dominos, magistros, malos, teneros, latus, potius, diutius, cœlestibus, propitius, cœnalibus, fructus, amat, videat, absolvat, castigat, adveniat, exaltat, pulsat, licet, leget, deprimeret, taceret, subjiceret, diligeret, veniet, fecit, procedit, solvit, venit, vidit, legit, amavit, addixit, accedit, tot, sicut, velut, ut, caput, occiput, pax, pertinax, fax, borax, edax, tenax, vorax, duplex, opifex, ilex, artifex, apex, silex, felix, beatrix, genitrix, tractatrix, solatrix, nox, ferox, velox, vox, volvox, precox, lux, nux, dux, trux, crux, conjux, forceps, vult, omnes, amnicus, amnis, omnibus, amnicula, amniculus, somnio, somnificus, inimicis, innuit, annotat, annulus, annexus, annuo, annuit, penna, penniger, pennula, nonne, connexus, connubialis, connivo, lemma, gemma, gemmator, dilemma, ammonitæ, communis, commodas, commonet, communico.

SECONDE LECTURE

DU LATIN.

Pour les sons, an, am, in, im, on, om, au, qui se prononcent presque toujours en latin comme en français.

Antonius, blanditias, cumulantur, doceant, amant, credant, negotiantibus, parant, notant, explorans, tractandi, luctantia, portans, anceps, amplexor, ambulans, lampas, campus, injuria, imprimis, insanè, infero, insidiæ, induxere, finit, fuerint, docuerint, deinceps, princeps, singulæ, audiverint, imber, cimbri, impar, impiè, impendia, limbus, limpidus, simplicia, pondus, consimilis, constantia, responde, contumax, frons, fons, pons, fonticus, consocer, pontifex, tonsor, montanus, monstro, omphacinus, compono, computare, compressio.

Audio, auxilio, audax, fraudator,

claudicat, augustus, plaudo, plaustra, causa, cauda, cautela, audax.

Lorsque les mots sont terminés par les syllabes.

an   am   on   om   in   im
prononcez a-ne, a-me, o-ne, o-me, i-ne, i-me.

an; titan; satan; lunam; casam; historiam; ranam; cicadam; deam; dianam; simiam; similam; multam; tam; musam; lanam, agon; dragon; triton; jason; amon; non; gelicon; dæmon; parin; delphin; cucumin; daphnin; irin; thyrsin; legerim, sitim; securim; vim; adjecerim; crediderim; pelvim; decussim; navim; docuerim; acceperim.

TROISIÈME LECTURE

DU LATIN.

Pour les syllabes qui ont un son différent dans le latin que dans le français.

les syllabes   en   em.
se prononcent   in   im.

prudentiæ : patiendi : licentias : absentia : sentiamus : sententias : scientia : silentii : ingentia : impatientias : experientiis : pœnitentia : conscientias : imprudentiæ : indulgentia : opulentiis : reverentias : potentiùs : mens : dicens : sapiens ! ridens : potens : omnipotens : innocens : cupiens : legent : mulcent : celebrent : respondent : possent : abstergent : emptio : exemplo : empirice : emplastro : emptori : adempti : redemptio.

Lorsque les mots sont terminés par les syllabes en em.
prononcez è-ne, ême.

lumen : nomen : semen : crimen : examen : flamen : foramen : carmen : amen : attamen : ligamen : gramen : limen : noctem : septem : hominem : explorationem : nationem . conantem : patientem : sanitatem : matrem : idem : patrem : fratrem : ducem.

Les syllabes un um
se prononcent on om

undè : voluntas : fundarint : fœcunditate : burgundiam : undecim : undatus : exundantem : facundas : facun-

dia : erunt : fuerunt timebunt : au-
diunt : possunt : legunt : deducunt :
pereunt : violarunt : ambularunt :
umbra : recumbo : incumberet : um-
brifer : umbo : columbam : lumbi :
umbilicus : triumphat.

Lorsque les mots sont terminés par la
syllabe um
prononcez ome.

morbum eumdem : probationum :
suum : conflentium : præsentium :
cæcatum : invidiarum : elisæum : tem-
perantium : fundatarum.

Les syllabes umn
se prononcent om-ne.

columna : columnarii : columnella :
alumnus.

Les syllabes all , ell , ill , ell ,. ull
se prononcent al-le, el-le, il-le, ol-le, ul-le.

alleluia ; allegoria ; allex ; allectus ;
allendo ; bellum ; præcellunt ; procel-
la ; rebellantium ; mille ; millia ; mil-
lies ; villosus ; villico ; cillibantes ; illa ;

villam ; humillimas ; illecebra ; villa ; illæsus ; ancillas ; facillimum ; millibus ; illudi ; illam ; humillima ; tigillum ; pupillos ; pupilla ; illuc ; capillis ; emollirent ; sollicitans ; molliens ; illud ; ullius ; ulli ; ullum ; nonnullus.

La syllabe ch
se prononce que.

chorus ; chrema ; chorda ; chronis ; chrisma ; chrismatus ; scholæ ; Chrysostomo ; chalcia ; chronologia ; chromatis ; chronicam ; christianus , charitatibus ; Christus ; machinabitur ; chartarius ; chronica ; Anchises ; Chelidoniæ ; chiromantia ; Ezechiæ ; chrombum.

La syllabe gn
se prononce gue-ne.

agnus ; pugna ; magno ; magnificat ; magnificentiæ ; dedignatur ; consignaverint ; cognomen ; pugnantia ; expugnabunt ; ignorantiæ ; ignarus ; ignis ; agmen ; regnare ; lignum ; cognatio ; consigno ; significo.

Les syllabes gua, gue, gui, guo, guu.
se prononcent gou-a, gu-é, gu-i, gu-o, gu-u.

linguas ; linguis ; linguax ; linguace ; languet ; langues ; languescens ; anguem ; angue ; sanguis ; languidus ; angui ; sanguinolentus ; arguunt.

Les syllabes qua, que, qui, quo, quu.
se prononcent coua, cué, cui, co, cu.

qua ; quâ ; quas ; nunquam ; namque ; aqua ; inquam ; quæ ; quo ; quem ; aliquem ; quemque ; undique ; eques ; itaque ; relinquent ; persequentur ; usque ; quid ; quisque ; inquietus ; equis ; equidem ; requiem ; quodquod ; quos ; quotuplex ; quoties ; quotidie ; æquor ; aliquot ; aliquod ; equus ; equulus ; equula ; loquentur.

FIN.

Clermont, Impr. de THIBAUD-LANDRIOT frères.

www.ingramcontent.com/pod-product-compliance
Lightning Source LLC
LaVergne TN
LVHW021706080426
835510LV00011B/1622